Vespa

GIUSEPPA PELLEGRINO D'ANNUNZIO

GIUSEPPAS KÜCHE

ITALIENISCHE MENÜS

CON AMORE GEKOCHT

Gesamtherstellung
einhorn-Verlag+Druck GmbH
D-73525 Schwäbisch Gmünd

Projektleitung
Jens Giese, einhorn-Verlag

Bilder
Simone Mathias, www.gegenwart-foto.de

Gestaltung und Satz
Alicia Hägele, einhorn-Verlag

Redaktion
Anka Malterer, einhorn-Verlag

Korrektorat
Felix Pflug, einhorn-Verlag

ISBN 978-3-95747-158-1

1. Auflage, September 2023
Printed in EU

www.einhornverlag.de

GIUSEPPA PELLEGRINO D'ANNUNZIO

GIUSEPPAS KÜCHE

CONTENUTO

INHALT

MENU TRE

MENU QUATTRO

MENU CINQUE

MENU SEI

MENU SETTE

MENU OTTO

MENU NOVE

MENU DIECI

GIUSEPPA PELLEGRINO D'ANNUNZIO

IM PORTRÄT VON GISE KAYSER-GANTNER

Wenn dieser Name in Schwäbisch Gmünd fällt, gibt es kaum jemanden, der sich nicht sofort an ihr Lächeln erinnert. Das ist das, was sofort ins Auge springt, wenn man Giuseppa gegenübersteht.

Kennengelernt habe ich Giuseppa vor vielen Jahren in der Cafeteria der Volkshochschule (VHS). Mit Charme servierte sie einen Cappuccino, der sich wirklich so nennen darf, und füllte das eher nüchterne Ambiente der Cafeteria mit Wärme und Herzlichkeit.

Das Kochbuch steht in den Startlöchern

Im Juli 2023 traf ich Giuseppa in ihrem Garten, der viele italienische Momente birgt. Eine rote Ziegelmauer, die ihr Neffe für sie gemauert hat, zeigt Bruchkante, so wie man sie von den Postkarten des Forum Romanum kennt. Kleine Vorsprünge, eine halbrunde Nische sind mit Engeln und Buddhas besetzt, mit Blumen geschmückt. Oder wie beim Fototermin mit einer großen dekorativen Eisenschale voll quietschgelber Zitronen und einer alten Milchkanne. Davor üppige Lorbeerbüsche zum Würzen, »Basilikumfelder« in einer Zinkwanne, Rosen und andere Blüten, ein Ginkgo-Baum streckt sich neben einem Feigenbaum-Schössling. Es duftet nach Italien, fährt es mir durch den Kopf, dazu trägt auch der Krug mit Wasser und Zitrone bei, und zum Abschluss Giuseppes Spezial-Cocktail aus selbst gemachtem Limoncello mit Null-Prozent-Prosecco. Eine Atmosphäre, so recht geeignet für ein Gespräch mit Giuseppa über ihr Leben.

Das Kochen schon in der DNA verankert?

Giuseppa, eine begnadete Köchin von Anfang an, der das Meistergen in die Wiege gelegt wurde? Das stimmt ganz und gar nicht, wie sie erläutert. Sie kam mit ihren Eltern und zwei Schwestern als 15-Jährige aus Sizilien nach Schwäbisch Gmünd und musste sofort in die Versorgerrolle einer Mama schlüpfen. Beide Eltern berufstätig, die beiden Schwestern erst drei und acht Jahre alt, Kochen und die deutsche Sprache sind eine völlig fremde Welt für sie.

Als sie 1978 nach Deutschland kam, war sie tief beeindruckt. »Alles war grün und den Duft von gemähtem Gras liebe ich bis heute!« Dann zum ersten Mal Schnee erleben und blonde Kinder mit blauen Augen, »wie kleine Engele!« Voll Dankbarkeit erinnert sie sich an die nette Familie in der Nachbarschaft, das habe ihr das Leben leichter gemacht.

Doch Giuseppa zeigte schon damals, wie sie tatkräftig Probleme beseitigt. Aus einem kleinen Wörterbuch suchte sie die Wörter für die Einkaufsliste fürs Essen zusammen, doch »das, was ich auf den Tisch brachte, war furchtbar!«, sie lacht bei dieser Erinnerung.

Die Liebe zum Kochen

Erst im Alter von 19, 20 Jahren entdeckt sie die Liebe fürs Kochen. Ein VHS-Dozent fragte, ob sie einen Kurs für italienische Küche anbieten wolle. Giuseppa sagt ohne Zögern zu und startet mit 16 Leuten, die tapfer alle Termine durchhielten, viele sind ihr bis heute treu geblieben. Mutig waren sie, denn »alles war Chaos beim ersten Mal, die Bolognese verbrannt«, erinnert sie sich. Ab dem zweiten Termin wurde es besser. Die Rezepte schrieb sie von Hand, zum Kurs wurde sie von ihrem Mann gebracht, weil sie noch keinen Führerschein hatte. Der Kurs endete mit einem großen Blumenstrauß und viel Applaus – und Anmeldungen für nachfolgende Kurse.

Giuseppa hält inne und zählt im Kopf zusammen: In den Jahren haben über 8000 Leute bei ihr kochen gelernt, viele sind treue Mitglieder ihrer Kochkurse geblieben. Darunter junge Leute, denen man alles erklären musste, aber auch erfahrene Hausfrauen. Schülerinnen und Schüler haben bei ihr gelernt, sie von diesen. Wie von dem Jungen, der Salat waschen sollte und das mit reichlich Seifenschaum erledigte. Für ihn gehörte dies zum Waschen einfach dazu. »Ich bin mit den Leuten gewachsen! Mein Kopf ist heute anders als in der Jugend!«

Das zeigt sich auch in ihrem sozialen Engagement. Sie kochte Weihnachtssuppe für die Obdachlosen in St. Elisabeth. Dafür sammelte sie von den Marktbetreibern Zutaten ein. Keiner konnte Giuseppas Bitte widerstehen, sodass sie mit reichlich Gemüse unterschiedlichster Art einen großen Topf füllen konnte. Oder ihre Spenden-Aktionen für das Stauferklinikum. Ihre aktuelle Idee wird sicher wieder ein großer Erfolg. Sie häkelt an 200 Glückswürmern, die sie auf dem Markt verkaufen will, um den Erlös einem sozialen Zweck zu spenden.

Die neue Trattoria

Jahre vergehen, dann wird ein lang gehegter Traum im Jahr 2012 Wirklichkeit. Giuseppa eröffnet ihre Trattoria in Waldstetten – mit einem Sieben-Gänge-Menü zum Einstand. Nicht vorbereitet und serviert von ihr, sondern von den ersten Schülern in der Kochschule der Trattoria. Die Kochlerntruppe wetzte die Messer, rieb und stiftelte, rollte und drückte, deckte die Vorspeise auf. Die allein hätte schon als nette kleine Mahlzeit gereicht. Aber es ging von Gang zu Gang weiter. Hatte man schon jemals eine solche Lasagne probiert? Keiner konnte sich erinnern. Statt Teig zu spüren, zerfloss ein Teigplattentraum auf der Zunge. Voll Aromen, wie die gewickelten Schweinemedaillons, die Jorg, der Fleischkochschüler so lecker zubereitete. Das Finale in kleinen Gläsern: Zitronenjoghurtschaum mit Orangenmus. Trockene Buchstaben, die sterrig bleiben, weil sie den Genuss nicht übertragen können.

Giuseppa ganz privat

Seit 40 Jahren ist sie mit Giuseppe zusammen, seit 39 Jahren mit ihm verheiratet. »Ich fühl noch immer einen Kitzel im Herzen!«, gesteht sie, wenn sie ihren Mann anschaut. Da knistert's ordentlich. Auch wenn sie ihn manchmal kritisch sieht. Sie: »Er sieht seine Fehler nicht!« Er: »Wenn Giuseppa was wegräumt, finde ich es nicht mehr am gewohnten Platz!« Er ist ärgerlich, für sie ist das 'ne Kleinigkeit. »Dann fliegen die Fetzen!«, lacht Giuseppa, »Aber nach zwei Stunden ist alles vorbei!« Es gehe darum, den anderen zu verstehen. »Ich habe immer meine Freiheit gehabt!«, sagt sie, obwohl die Familie inzwischen gewachsen ist. Tochter und Sohn haben selbst Familien gegründet, drei Enkelkinder gehören dazu. Alle sind geladen zum Fototermin für das zehnte Menü ihres italienischen Kochbuchs: »Wir machen einen großen Tisch, mit Familie und Chaos, richtig italienisch!«, freut sich Giuseppa.

Das Erfolgsrezept

Alles, was Giuseppa zu Rezepten verarbeitet, hat sie selbst gelernt durch Lesen, Beschäftigung mit Kräutern und Gemüsen.

In ihrem jährlichen Italien-Urlaub ist sie stets auf der Suche nach Inspirationen und Rezepten. Ein Essen in einem Restaurant endet beim Koch in der Küche. Seine Anregungen und Erläuterungen nimmt sie mit nach Hause und »verarbeitet« sie. Wandelt ab, fügt hinzu oder belässt das Rezept in seiner Form. Ganz sicher kann man aber sein, dass es Giuseppas unverkennbare Handschrift trägt: ungewöhnlich lecker im Geschmack, mit einfachen Mitteln, stets ein Fest für Auge und Gaumen.

Zehn Menüs aus Giuseppas Küche

Die Trattoria war nur ein Wunsch auf Giuseppas Liste, den sie lang hegte, ehe er konkret wurde. Aus dem Kochkurs-Teilnehmer Jörg Schumacher wurde der Verleger, der ihren Traum vom eigenen Kochbuch wahr werden lässt: Das Kochbuch mit zehn Menüs – leicht nachzukochen, mit wenig Zutaten.

Die kulinarische Reise beginnt schon beim Lesen. Wie anders tönt »Chiacchieri« als »luftiges Teiggebäck« auf Deutsch. Und »Vanillecreme« hört sich banal an, wenn man die Wahl der italienischen Version hat: »Pasticciera Creme«. Hinter »Penne alla Boscaiola« verbirgt sich »Holzfällerart«, und das Rezept von Giuseppas Mutter, stets serviert nach dem abendlichen Bad im Meer am Strand von Sizilien, heißt übersetzt: » kleine Nudelringe aus dem Backofen«. Wie viel genüsslicher klingt da »Anelli al forno« ganz gleich, ob kalt, lauwarm oder heiß serviert. Verführerisch, was Giuseppa aus selbst gekochtem Apfelmus zaubert, wenn Ricotta ins Spiel kommt.

Jetzt wird es ernst mit Menüs und Fotos

Viele Wochenenden haben die Aufnahmen zu diesem Kochbuch angedauert. Giuseppa kochte für einen Fototermin jeweils ein Menü. Im Winter wurde im Keller fotografiert. Bei knisterndem Feuer, dem man durchs Ofenfenster des alten Kochherds zuschauen konnte. Auf dem massiven Holztisch reihten sich die Köstlichkeiten.

Fotografin Simone Mathias instruierte ihre Helfer Jörg Schumacher und Giuseppe D'Annunzio. Hier den Scheinwerfer ausrichten, mit dem Diffusor eine dunkle Stelle aufhellen. Bei sommerlichen Temperaturen im Garten die Etagere mit Melonenstückchen und Antipasti weiter nach rechts schieben, wenn zu weit, wieder etwas nach links. Die Fotografin weiß genau, wie die richtige Stimmung entsteht, da zählen Millimeter. Oder ein paar Rosenblättchen, wie zufällig hingeweht.

Zum zehnten Menü mit Familie hat Giuseppa eine kostbare Tischdecke aufgelegt, von der Großmutter in aufwendigen Mustern in Richelieu-Stichelei gearbeitet. Gedeckt wird das Hochzeitsporzellan der Mutter. Weiße Teller mit dynamischem Pflanzenstängel-Design. Giuseppa hat magische Hände: Das Porzellan wird nicht stur ausgerichtet, sondern ergibt einen schwungvollen Reigen, weil sich die Teller leicht gedreht nebeneinander reihen. Ein Effekt, der ohne Absicht einfach aus der Intuition entsteht.

Das Beste zum Schluss: Buon appetito!

Wenn Giuseppa grünen Spargel in zwei aufeinander folgenden Gängen vorschlägt, wird es keineswegs eintönig. Denn beim ersten kommen Zitronen ins Spiel, beim zweiten Limetten. Giuseppa versichert: »Das sind zwei unterschiedliche Geschmacksnoten!« Dennoch sind die Menüs so zusammengestellt, dass die einzelnen Gänge unterschiedlicher Menüs miteinander getauscht werden können. So passt die Vorspeise aus »Menu Due« auch wunderbar zu »Menu Sette« oder das Dessert aus »Menu Uno« zu »Menu Tre«.

Crostini, Crostata, Bruschetta, Focaccia, Nudelsorten wie Penne, Trofie, Spaghetti, Anelli, dazu Chiaccieri, Crostata al cioccolato oder Tortini di ricotta con frutta klingen nicht nur wunderbar, sie lassen das Wasser im Mund zusammenlaufen. Und eins ist sicher: Alles verspricht einen ganz besonderen, wunderbaren Genuss!

MENU UNO

CROSTINI

CON CREMA DI SALMONE

Zutaten (4–6 Personen)

150 g	Räucherlachs
50 ml	Sahne
12	dünne Scheiben Baguette
100 g	Ricotta oder Frischkäse
2 TL	Zitronensaft
1 EL	eingelegte Kapern
1 EL	Basilikumblättchen + weitere Blätter zum Garnieren
	Abrieb einer halben Bio-Zitrone
	Salz und Pfeffer

Zubereitung

Lachs in Würfel schneiden und zusammen mit Sahne, Ricotta und Zitronensaft pürieren. Mit Pfeffer und wenig Salz abschmecken.

Kapern, Basilikumblättchen und Zitronenschale sehr fein hacken und vermengen.

Die Brote nach Belieben toasten oder auf dem Grill goldgelb rösten. Abkühlen lassen. Mit der Lachscreme bestreichen und der Kapernmischung bestreuen. Mit Basilikumblättchen garnieren.

MOZZARELLA

AL LIMONE SU ASPARAGI VERDI

Zutaten (4 Personen)

1 kg	grüner Spargel
250 g	Mozzarella (2 Kugeln)
30 g	Pistazienkerne
2 EL	Zitronensaft
2 TL	flüssiger Honig
4 EL	Olivenöl
	Abrieb einer halben Bio-Zitrone
	Zitronenpfeffer
	Salz
	etwas Basilikum

Zubereitung

Spargel putzen, im unteren Drittel schälen und holzige Enden abschneiden. Spargel in kochendem Salzwasser ca. 8 Minuten bissfest garen.

Inzwischen Mozzarella abtropfen lassen und in Scheiben schneiden. Pistazien, Zitronensaft, Honig und Öl grob pürieren. Mit Zitronenschale, Basilikum, Zitronenpfeffer und Salz abschmecken. 4 EL Spargelkochwasser unterrühren.

Spargel abgießen und abtropfen lassen. Auf eine Platte geben, Mozzarella darauf verteilen, mit der Vinaigrette beträufeln und lauwarm servieren.

TAGLIATELLE

CON ASPARAGI VERDI SU CREMA DI LIME CON POMODORI SECCHI E BASILICO

Zutaten (4 Personen)

400 g	Tagliatelle
500 g	grüner Spargel
6	getrocknete Tomaten
10 Blätter	Basilikum
2	Limetten
1 TL	Zucker
250 ml	Gemüsebrühe
2 Becher	Sahne
	Kräuterpfeffer
	Olivenöl
	Salz

Zubereitung

Nudeln in ausreichend Salzwasser bissfest kochen.

Nebenbei Spargel putzen, im unteren Drittel schälen, holzige Enden entfernen und in mundgerechte Stücke schneiden. Getrocknete Tomaten und Basilikum in feine Streifen schneiden, Limetten auspressen.

In einer Pfanne etwas Olivenöl erhitzen. Spargel und Tomaten kurz anbraten, mit Zucker bestreuen, und schließlich mit Gemüsebrühe und Limettensaft ablöschen. Danach leicht köcheln lassen, bis die Flüssigkeit etwas reduziert ist. Nun die Sahne dazugeben, mit Kräuterpfeffer und Salz würzen und noch eine Weile ziehen lassen. Zum Schluss Basilikum dazugeben.

Zusammen mit den Nudeln in einem tiefen Teller anrichten.

CREMA

ALL'AMARETTO CON PUREA DI FRAGOLE

Zutaten (4–6 Personen)

500 g	Erdbeeren
250 g	Ricotta
250 g	Magerquark
2	Päckchen Vanillezucker
12 EL	Amaretto
500 ml	Schlagsahne
	Schokoladenraspel

Zubereitung

Erdbeeren putzen, waschen und in kleine Stücke schneiden. Dann die Erdbeeren in den Mixer geben und fein pürieren.

Die Erdbeermasse beiseitestellen.

Für die Amarettocreme Ricotta, Quark, Vanillezucker und den Amaretto kurz mit einem Rührgerät aufschlagen. Dann die Sahne schlagen und unter die Amarettocreme heben. Nicht unterrühren, unterheben!

Zur Vollendung alles in Gläser schichten, zuerst die Amarettocreme, darüber eine Schicht Erdbeeren, dann wieder Creme, enden mit den Erdbeeren.

Anschließend die Gläser für mindestens 2 Stunden in den Kühlschrank stellen. Zum Servieren ein paar Schokoladenraspel auf die Creme geben.

Tipp

Wer mag, kann die Masse durch ein Sieb streichen, um Kerne im Dessert zu vermeiden.

MENU DUE

TROFIE

AL PESTO CON RANA PESCATRICE

Zutaten (4 Personen)

2 EL	Olivenöl
2	Knoblauchzehen
240 g	Seeteufel
300 g	grüne Bohnen
200 g	festkochende Kartoffeln
300 g	Trofie (oder andere Pasta)
6 EL	Pesto
	Salz und Pfeffer aus der Mühle

Zubereitung

Olivenöl und zerkleinerten Knoblauch in einer Pfanne erhitzen. Den Seeteufel in Würfel schneiden, hinzugeben und anbraten, danach auf die Seite stellen.

Bohnen putzen und halbieren. Kartoffeln schälen und in kleine Würfel schneiden.

Bohnen und Kartoffeln in Salzwasser bissfest garen und abgießen. Zur gleichen Zeit werden die Nudeln im anderen Topf mit Salz al dente (je nach Art 6–10 Minuten) gekocht und abgegossen. Etwa 100 ml Nudelwasser auffangen.

6 EL Pesto mit dem aufgefangenen Nudelwasser verrühren.

Mit den Kartoffeln, Bohnen und Nudeln mischen und den gebratenen Seeteufel mit Pfeffer und Salz abschmecken, sofort heiß servieren.

Zutaten Pesto

100 g	frischer Basilikum
2 EL	Pinienkerne
2	Knoblauchzehen
1 TL	grobes Salz
150 ml	Olivenöl
2 EL	Parmesan, frisch gerieben

Zubereitung Pesto

Alle Zutaten bis auf den Parmesankäse mit einem Pürierstab mixen, dabei die einzelnen Zutaten nach und nach zugeben. Wenn alles püriert ist, den Parmesan unterrühren.

COZZE

RIPIENI E AL FORNO

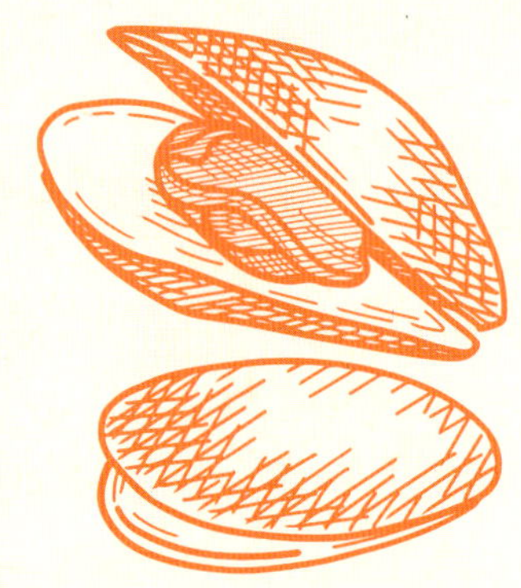

Zutaten (4–6 Personen)

2 kg	frische Miesmuscheln
2 Bund	Petersilie
4	Knoblauchzehen
6 EL	Semmelbrösel
6 EL	Käse (Pecorino, frisch gerieben)
10 EL	Olivenöl
2	Zitronen
	Salz
	Schwarzer Pfeffer aus der Mühle

Zubereitung

Miesmuscheln unter fließendem Wasser entbarten und abbürsten. Dabei bereits geöffnete Muscheln auslesen und wegwerfen.

Miesmuscheln in einen Topf geben und zugedeckt bei starker Hitze so lange dämpfen, bis sich die Muscheln geöffnet haben. Jetzt noch geschlossene Muscheln aussondern.

Petersilie waschen, trockenschütteln. Knoblauch schälen, zusammen mit der Petersilie fein hacken und in eine Schüssel geben. Semmelbrösel, Käse und 7 EL Olivenöl zufügen und alles gut vermischen. Mit Salz und Pfeffer würzen.
Backofen auf 200 °C Ober-/Unterhitze vorheizen.

Abgekühlte Muscheln in der Mitte auseinanderbrechen, leere Schalen wegwerfen. Muschelhälften mit der Füllung bestreichen und in eine flache feuerfeste Form legen. Im Backofen portionsweise etwa 10 Minuten backen, bis die Füllung leicht gebräunt ist.

Zitronen waschen und achteln. Die gratinierten Muscheln mit dem übrigen Olivenöl beträufeln und mit Zitronenspalten dekorieren.

PANNA COTTA

ALLO YOGURT CON PUREA DI LAMPONI

Zutaten (4 Personen)

9 Blatt	weiße Gelatine
1	Vanilleschote
500 ml	Sahne
150 g	Zucker (je nach Geschmack)
2 Päckchen	Bourbon Vanille Zucker
500 g	Naturjoghurt
500 g	Himbeeren (frisch oder TK)
	Puderzucker
	Grand Marnier oder Himbeergeist nach Belieben

Zubereitung

Gelatine nach Packungsanleitung einweichen.

Vanilleschote halbieren und das Mark auskratzen. Sahne und Zucker in einen Topf geben und das Vanillemark sowie die ausgekratzte Schote hineingeben. Sahne kurz aufkochen, die Schote entfernen und danach die ausgedrückten Gelatineblätter darin auflösen. Anschließend kaltstellen.

Wenn die Sahne abgekühlt ist und zu gelieren beginnt, den Joghurt unterheben. Die Panna Cotta in Gläser abfüllen.

Himbeeren pürieren, ggf. auftauen lassen und mit Puderzucker abschmecken.

Anschließend durch ein Sieb streichen und auf die Panna Cotta geben. Am besten über Nacht kalt stellen.

Tipp

Grand Marnier oder Himbeergeist nach Belieben zu den pürierten Himbeeren hinzufügen.

MENU
TRE

LATTUGA DI AGNELLO

CON MOZZARELLA, MELOGRANO E PANINI

Zutaten Panini (4 Personen)

500 g	starkes Mehl
10 g	Salz
15 g	frische Hefe
300 ml	lauwarmes Wasser
40 ml	Olivenöl + zusätzlich zum Einölen
	Oregano zum Bestreuen

Zutaten Salat (4 Personen)

500 g	Feldsalat
1	Granatapfel
1	Mozzarella
4 EL	Balsamico (oder Granatapfel-Balsamessig)
8 EL	Walnussöl
1 TL	Senf, mittelscharf
	Salz, Pfeffer
1–2	Orangen
	Saft einer Orange

Zubereitung

Hefe in lauwarmem Wasser lösen. Mehl und Salz in einer Schüssel miteinander verrühren, Öl hinzufügen und alles in das Wasser mit der Hefe geben. Die entstandene Masse mit den Händen ca. 10 Minuten lang gut durchkneten und zu einer Kugel formen.

Den Teig in die geölte Schüssel geben, mit einem Tuch abdecken und für ca. eine Stunde gehen lassen (bis sich seine Größe verdoppelt hat). Anschließend den Teig rollen, in Stücke schneiden und kleine Panini daraus formen, mit Olivenöl bestreichen und mit Oregano bestreuen. Bei 200 °C Ober-/Unterhitze ca. 20 Minuten im Backofen backen.

Währenddessen Feldsalat putzen und waschen. Granatapfel teilen und vorsichtig die Kerne auslösen. Achtung: der Saft hinterlässt hartnäckige Flecken! Für das Dressing Essig, Senf, Orangensaft, Salz und Pfeffer verrühren, Öl dazugeben. Orangen filetieren und ebenfalls ins Dressing geben. Feldsalat in einer Schüssel vorsichtig mit ¾ des Dressings vermengen und auf einen Teller geben. Granatapfelkerne über den Salat streuen. Mozzarella ebenfalls auf dem Salat anrichten, anschließend mit dem restlichen Dressing beträufeln.

ZUPPA FESTIVA

ITALIANA

Zutaten (4 Personen)

2 l	Rinderbrühe
4	Scheiben Brot
300 g	Rinderhackfleisch
1	Mozzarella
1	Endiviensalat
	Parmesan nach Geschmack
	Salz, Pfeffer

Zubereitung

Rinderbrühe kochen und beiseitestellen. Brot in kleine Würfel schneiden und anrösten. Ebenfalls beiseitestellen.

Rinderhackfleisch mit Salz und Pfeffer würzen, daraus Mini-Bällchen formen und ohne Öl in einer beschichteten Pfanne anbraten. Anschließend beiseitestellen.

Mozzarella fein würfeln.

Endiviensalatblätter waschen und am Stück (oder mittig geteilt) in Wasser für ca. 10 Minuten kochen. Das Wasser abgießen und die Salatblätter zur Rinderbrühe geben. Leicht durchziehen lassen.

Salat, Brühe, Mozzarella und Hackfleischbällchen auf Teller geben, mit Parmesan würzen.

CONIGLIO LIGURE

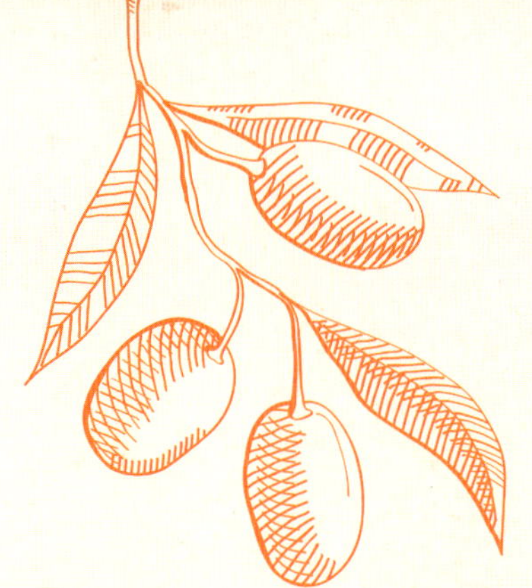

CON CIME DI RAPA

Zutaten (6 Personen)

1	Kaninchen über 1200 g
1 EL	natives Olivenöl
1	Zwiebel
3	Sardellen
2	Knoblauchzehen
3	Zweige Rosmarin
½ TL	Oregano
1 Glas	Weißwein
½ l	Fleischbrühe
20	Taggiasche-Oliven
50 g	Pinienkerne
	Salz und Pfeffer

Zubereitung Kaninchen

Kaninchen in ein Dutzend Stücke schneiden, Leber und Nieren beiseitestellen. Olivenöl in einer Pfanne mit gehackter Zwiebel, Sardellen und Knoblauch erhitzen. Kaninchen dazugeben und anbraten. Rosmarin, Oregano, Salz und Pfeffer hinzufügen und weiter braten, bis das Fleisch eine goldene Farbe angenommen hat. Mit Weißwein ablöschen. Wenn der Wein verdunstet ist, Brühe dazugießen, bis das Fleisch überdeckt ist. Oliven und Pinienkerne hinzufügen, nach Geschmack auch Nieren und Leber, Topf mit einem Deckel verschließen und etwa eine Stunde kochen lassen. Die restliche Brühe nach und nach dazugeben, damit das Fleisch schön zart wird.

Zutaten Stängelkohl

1 kg	Stängelkohl
2 EL	Olivenöl
2	Knoblauchzehen
	Gehackte Chilischoten nach Geschmack
	Salz

Zubereitung Stängelkohl

Stängelkohl putzen, indem die härtesten Blätter entfernt und nur die Röschen und zarten Blätter behalten werden. Anschließend gründlich waschen und in einem Sieb abtropfen lassen.

Salzwasser zum Kochen bringen und Stängelkohl hineingeben. Für ca. 6–10 Minuten kochen, dabei oft wenden, bis die Knospen al dente sind. Anschließend in ein Sieb abgießen.

Olivenöl in einer beschichteten Pfanne erhitzen, Knoblauch und Chilischoten kurz anbraten. Gekochten Stängelkohl hinzugeben, mit Salz würzen und für ca. 10 Minuten braten.

WECK

CANTUCCINI

CON CREMA ALL'ARANCIA

Zutaten (4–6 Personen)

3	mittelgroße Orangen
200 g	Cantuccini
4–5 EL	Orangenlikör
4–5 EL	gesiebter Puderzucker
1 Päckchen	Sahnefestiger
250 g	Mascarpone
300 g	Vollmilch-Joghurt
	Kakaopulver zum Bestäuben

Zubereitung

100 g Cantuccini in eine Schale geben. Zwei Orangen schälen, sodass die weiße Haut vollständig entfernt ist und in dünne Scheiben schneiden. Die dritte Orange halbieren und auspressen. Daraus entstehen ca. 6 EL Orangensaft. 4 EL davon mit dem Orangenlikör verrühren und auf die Cantuccini träufeln. Anschließend die Hälfte der Orangenscheiben auf die Cantuccini legen.

Puderzucker sieben und mit dem Sahnefestiger verrühren. Mascarpone kurz mit dem Schneebesen oder Handrührgerät aufschlagen und nach und nach den Joghurt sowie die Puderzucker-Mischung unterrühren. Mit den restlichen 2 EL Orangensaft abschmecken.

Die Hälfte der Creme auf die Orangenscheiben in der Schale füllen. Die zweite Hälfte der Cantuccini darauf schichten, mit dem restlichen Saft-Likör-Gemisch beträufeln und mit Orangenscheiben belegen. Die übriggebliebene Creme wellenartig verteilen. Das Orangen-Tiramisu mindestens eine Stunde kalt stellen. Vor dem Servieren mit dem Kakao bestäuben.

Tipp

Die Creme kann in verschiedenen Gefäßen zubereitet werden – ob in einer Auflaufform, in einer Keramikform oder einer Backform. Für einen besonderen Augenschmaus empfehle ich ein hohes Dessertglas, in das die verschiedenen Schichten hineingefüllt werden können.

MENU QUATTRO

SPAGHETTI

ALLE VONGOLE

Zutaten (4 Personen)

350 g	Spaghetti
1 kg	Muscheln
6 EL	Olivenöl
1	weiße Zwiebel
2	Knoblauchzehen
125 ml	trockener italienischer Weißwein
1 Bund	glatte Petersilie
150 g	Kirschtomaten
	Salz und Pfeffer

Zubereitung

Spaghetti in Salzwasser bissfest kochen.

Die Muscheln gründlich unter fließendem Wasser reinigen.

In einer Pfanne mit hohem Rand 5 EL Öl erhitzen. Die klein geschnittene Zwiebel, gehackten Knoblauch und fein gehackte Petersilie sanft anbraten.

Gleichzeitig 1 EL Öl in einem Topf erhitzen, Muscheln hinzugeben und gut wenden. Mit Wein ablöschen, zudecken und ca. 5 Minuten köcheln lassen. Anschließend die Flüssigkeit durch ein Haarsieb abseihen und zur Mischung in die Pfanne geben. Kirschtomaten halbieren und ebenfalls dazugeben. Alles kurz aufkochen lassen, mit Salz und Pfeffer abschmecken und die geöffneten Muscheln hinzufügen. Die noch geschlossenen Muscheln entsorgen. Gut umrühren und schließlich die Spaghetti ergänzen. Alles nochmals miteinander vermengen, bis alle Spaghetti mit dem Sugo überzogen sind.

Auf Tellern anrichten und als Primo Piatto (1. Gang) ohne Käse servieren.

Tipp

Die Flüssigkeitsmenge kann vor dem Würzen noch mit ca. 100 ml Fischfond erhöht werden.

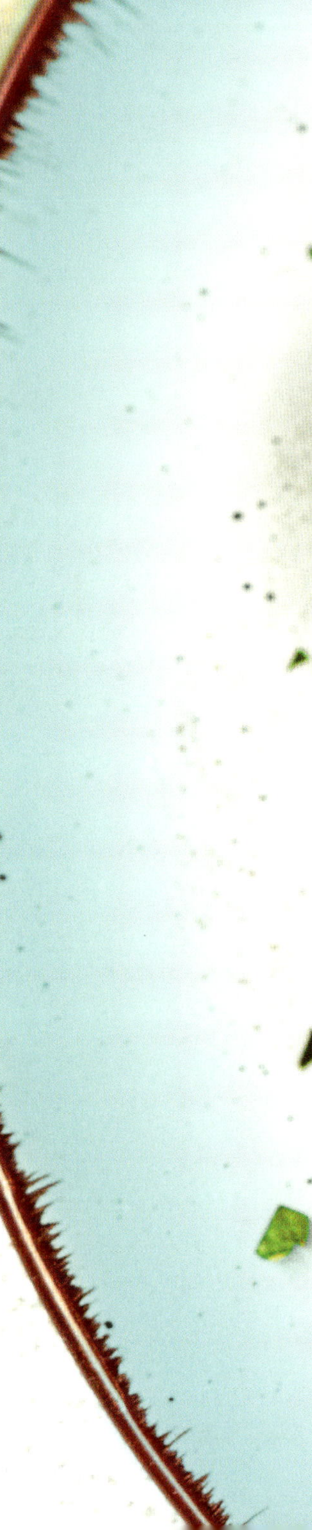

BRANZINO

SULLA CREMA DI PATATE

Zutaten (4 Personen)

400 g	Kartoffeln
150 g	Lauch
3 EL	Olivenöl
½ l	Gemüsebrühe
1 TL	Muskatnuss
	Salz und Pfeffer
10	Kirschtomaten
1	Knoblauchzehe
4	Wolfsbarschfilets
	Salz und Pfeffer
	Olivenöl
	Oliven nach Belieben
	Kapern nach Belieben

Zubereitung

Kartoffeln waschen, schälen und in Würfel schneiden. Den Lauch hacken. Öl in einem Topf zusammen mit dem Lauch erhitzen. Bei schwacher Hitze ca. 5 Minuten welken lassen. Kartoffeln hinzufügen, kurz bräunen und mit Gemüsebrühe ablöschen. Alles für 15–20 Minuten kochen lassen, bis die Kartoffeln weich sind. Anschließend in ein hohes, schmales Gefäß umfüllen und zu einer mittelflüssigen Mischung pürieren. Die Creme mit Salz, Pfeffer und Muskatnuss würzen und beiseitestellen.

Tomaten und Knoblauch halbieren. In einer Pfanne Öl und Knoblauch erhitzen, die Fischfilets dazugeben und für 5 Minuten auf der Hautseite anbraten. Anschließend wenden. Oliven, Kapern und Tomaten dazugeben und für 3–4 Minuten mitbraten.

Die Kartoffelcreme auf Teller geben, das Fischfilet dazulegen und das Oliven-Tomaten-Kapern-Gemüse als Beilage dazu anrichten. Warm servieren.

TORTINE

DI RICOTTA CON FRUTTA

Zutaten Mürbeteig (12 Stk.)

300 g	Mehl
80 g	Zucker
1	Ei
150 g	(+ etwas) weiche Butter
2 EL	Olivenöl
	Abrieb einer Bio-Zitrone

Zutaten Ricottacreme

250 g	cremiger Ricotta
50 g	Zucker
2	Eier (Größe M)
1	Bio-Zitrone (Saft + etwas Abrieb)

Sonstige Zutaten

350 g	Früchte (z. B. Pflaumen, Beeren etc.)
	Puderzucker zum Bestäuben

Zubereitung

Für den Mürbeteig Mehl in eine große Schüssel geben, mittig eine Mulde hineindrücken, Zucker, Ei, Butter, Öl und Zitronenschale zugeben. Erst die nassen Zutaten mit einer Gabel zu einer kompakten Masse verrühren. Dann alles rasch mit den Händen zu einem glatten Teig verkneten. Der Teig sollte sich wie Knete anfühlen – ist er zu trocken, noch etwas Öl, ist er zu fett, noch etwas Mehl unterkneten. Den Teig zugedeckt ca. 30 Minuten kalt stellen.

Ricotta, Zucker, Eier, Zitronensaft und -schale in einer Schüssel mit dem Schneebesen des Rührgeräts verrühren.

Ofen vorheizen (Ober-/Unterhitze: 200 °C, Umluft: 175 °C). Die Vertiefungen eines Muffinblechs (12 Mulden) mit Butter einfetten. Mürbeteig in 12 Portionen teilen und zu Kugeln formen. Jede Teigkugel flachdrücken und die Blechmulden damit auslegen, dabei den Rand leicht hochziehen und andrücken.

Ricottacreme zu knapp drei Vierteln in die Törtchen füllen. Im Ofen 18–20 Minuten backen, bis die Ricottacreme leicht gestockt und der Teig goldbraun ist. Törtchen abkühlen lassen.

Kurz vorm Servieren die Früchte waschen, putzen und in kleine Stücke schneiden. Auf die Ricottatörtchen legen. Mit Puderzucker bestäuben.

MENU CINQUE

BRUSCHETTA

ALLA NAPOLETANA

Zutaten (4 Personen)

12	Sardellenfilets
5	Tomaten
2 EL	Olivenöl
400 g	Mozzarella
12 Scheiben	Baguette
50 g	Butter
	Öl für das Backblech
	Salz und Pfeffer
	Oregano

Zubereitung

Sardellenfilets halbieren, Tomaten mit heißem Wasser überbrühen, enthäuten, entkernen und würfeln. Olivenöl dazugeben und vermengen. Mit Salz, Pfeffer und Oregano würzen. Mozzarella in 12 Scheiben schneiden. Baguette mit Butter bestreichen und mit je einer Scheibe Mozzarella und 2 Sardellenhälften belegen. Tomaten darüber verteilen. Bruschetta auf ein gefettetes Backblech setzen und im vorgeheizten Backofen bei 200 °C Ober-/Unterhitze ca. 8 Minuten backen.

MELANZANE

MARITO E MOGLIE

Zutaten (4 Personen)

1	große Aubergine
2	Eier
50 g	Parmesan, frisch gerieben
100 g	Semmelbrösel
125 g	Mozzarella
100 g	gekochter Schinken (in dünnen Scheiben)
1 l	Olivenöl zum Frittieren
	Salz
	Pfeffer aus der Mühle

Zubereitung

Aubergine schälen, dann der Länge nach in 0,5 cm dicke Scheiben schneiden. Salzen, aufeinanderstapeln und beschweren (zum Beispiel mit einem mit Wasser gefüllten Einmachglas). Etwa eine Stunde stehen lassen.

Eier mit Parmesan, Salz und Pfeffer verquirlen und in einen Teller füllen. Semmelbrösel in einen anderen Teller geben. Mozzarella abtropfen lassen und in knapp 0,5 cm dicke Scheiben schneiden. Schinken in Stücke schneiden, die etwas kleiner sind als die Auberginen.

Auberginenscheiben kalt abspülen und mit den Händen die Flüssigkeit auspressen. Eine Scheibe mit Schinken und Mozzarella belegen, eine zweite Scheibe darüberdecken und an den Rändern andrücken. Wenn alle Scheiben gefüllt sind, zuerst im Ei, dann in den Semmelbröseln wenden.

Das Öl in einem großen Topf erhitzen, Auberginenscheiben hineinlegen. Portionsweise 3–4 Minuten frittieren, mit einem Schaumlöffel herausholen und gut abtropfen lassen.

Tipp

Zu diesem Rezept passt hervorragend die Sauce aus Menü 8.

FILETTO DI MAIALE

CON RIPIENO E PROSCIUTTO

Zutaten (4 Personen)

500 g	mageres Schweinefilet
1 Bund	frische Basilikumblätter, gewaschen
2 EL	Parmesan, frisch gerieben
2 EL	Paste aus getrockneten Tomaten
6 Scheiben	Parmaschinken
1 EL	Olivenöl
	Salz, Pfeffer

Zutaten Tomatenpaste

170 g	getrocknete Tomaten
1 Bund	Basilikum
1–2	Knoblauchzehen, geschält
	Pinienkerne nach Belieben

Zutaten Olivenpaste

125 g	Oliven, entsteint
4 EL	Olivenöl
2	Knoblauchzehen, geschält

Zubereitung

Alle Zutaten für die Tomatenpaste in ein hohes Gefäß geben, pürieren und beiseitestellen.

Fett und Sehnen vom Schweinefilet entfernen. Vorsichtig der Länge nach in der Mitte einschneiden. Achtung: Nicht durchschneiden!

Filet öffnen und von innen würzen. Basilikum verteilen. Käse und Tomatenpaste mischen und auf dem Basilikum verteilen. Fleisch wieder zusammendrücken. Fest mit Schinken umwickeln und dabei ganz bedecken.

Mit den Enden der Schinkenscheiben nach unten auf das Blech setzen und mit Olivenöl bestreichen.

Je nach Dicke 20–30 Minuten im vorgeheizten Backofen bei 190 °C Ober-/Unterhitze backen. 10 Minuten stehen lassen.

Die Zutaten für die Olivenpaste mit dem Pürierstab glattrühren.

Fleisch in dünne Scheiben schneiden und mit Olivenpaste servieren.

CROSTATA
AL LIMONE

Zutaten (4 Personen)

250 g	Mehl
275 g	Zucker
1 Päckchen	Vanillezucker
1 Prise	Salz
125 g	kalte Butter
1	Eigelb
2	Bio-Zitronen
2	Eier
500 g	Ricotta
50 ml	Zitronenlikör, z.B. Limoncello

Zubereitung

Tarteform fetten. Mehl mit 75 g Zucker, Vanillezucker, Salz, Butter in Stückchen, Eigelb und 1–2 EL kaltem Wasser erst mit dem Handrührgerät und danach mit den Händen glatt verkneten. Auf etwas Mehl ausrollen. Form damit auslegen, dabei am Rand in die Rillen drücken. Teigboden mehrmals mit einer Gabel einstechen, ca. 30 Minuten kalt stellen.

Zitronen waschen und trockenreiben. Die Schale von einer Zitrone fein abreiben, Zitrone auspressen. Die Eier mit 150 g Zucker schaumig schlagen, Ricotta portionsweise darunter rühren. Zum Schluss auch die Zitronenschale und den Zitronensaft unterrühren. Masse auf den Teig streichen.

Im vorgeheizten Backofen (Ober-/Unterhitze 175 °C / Umluft 150 °C) auf der untersten Schiene ca. 40 Minuten backen. Dann den Ofen hochschalten (Ober-/Unterhitze 200 °C / Umluft 175 °C) und 15–25 Minuten weiterbacken. In der Form auskühlen lassen.

Restliche Zitrone in sehr dünne Scheiben schneiden. Likör, 3 EL Wasser und 50 g Zucker in einen Topf geben und bei starker Hitze ca. 2 Minuten kochen. Zitronenscheiben zufügen und im Sirup bei mittlerer Hitze ca. 8 Minuten köcheln. Anschließend abkühlen lassen. Zitronenscheiben auf der Tarte verteilen. Nach Geschmack noch etwas vom Sirup darüberträufeln.

MENU
SEI

CROSTINI

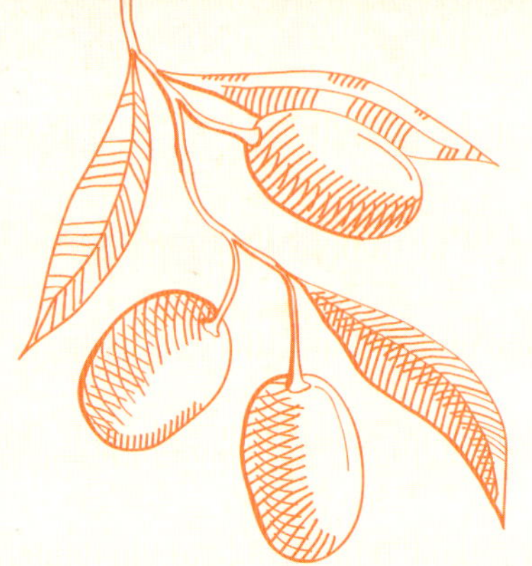

CON OLIVE, PINOLI, CAPPERI E TONNO

Zutaten (4 Personen)

1	Baguette oder Ciabatta
175 g	schwarze Oliven, entkernt und gehackt
1 EL	Kapern, gesalzen, gespült und gehackt
2 EL	Pinienkerne, grob gehackt
1	kleine Knoblauchzehe, fein gehackt
1 EL	Petersilie, fein gehackt
6	getrocknete Tomaten, eingeweicht und grob gehackt
	Abrieb einer halben Bio-Zitrone
100 g	Thunfisch in Öl, abgetropft
	Salz und Pfeffer
	Olivenöl

Zubereitung

Brot in Scheiben schneiden, mit Olivenöl bepinseln und auf einem Backblech verteilen. Im vorgeheizten Ofen bei 190 °C etwa 10 Minuten goldbraun und knusprig backen.

Oliven, Kapern, Pinienkerne, Knoblauch, Petersilie, getrocknete Tomaten und Zitronenschale in einer Schüssel miteinander vermengen. Thunfisch zugeben und rühren, bis er sich mit den anderen Zutaten verbindet. Etwas Olivenöl dazugießen und abschmecken. Mit Salz und Pfeffer würzen und auf die Crostini verteilen.

Tipp

Durch die Mischung von schwarzen und grünen Oliven wird der Geschmack noch würziger.

FUNGHI OSTRICA

CON RUCOLA

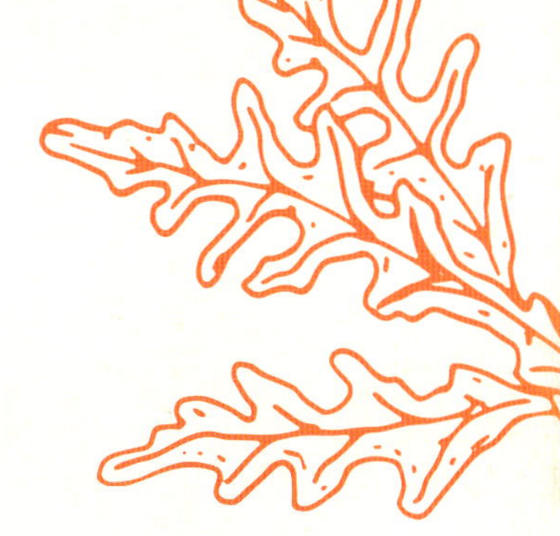

Zutaten (4 Personen)

1	Fleischtomate
100 g	Rucola
250 g	Austernpilze
1	Knoblauchzehe
3 EL	Öl
1 TL	Walnussöl
1 TL	Aceto Balsamico
20 g	Parmesan am Stück
	Salz und Pfeffer

Zubereitung

Stielansatz der Tomate entfernen, Tomate kurz überbrühen, häuten und vierteln. Den Saft per Hand etwas auspressen. Die Viertel kleinschneiden.

Rucolablätter waschen, trockenschleudern und die groben Stiele abzupfen. Austernpilze putzen, dabei von den zähen Stielen befreien und vierteln. Knoblauch in feine Scheiben schneiden.

Öl in der Pfanne erhitzen. Die Pilze darin unter Wenden bei mittlerer Hitze 5 Minuten braten, salzen, pfeffern und den Knoblauch hinzufügen. Pilze aus der Pfanne nehmen.

Rucola und Tomatenstücke auf Teller verteilen, mit Salz und Pfeffer bestreuen und die Pilze dazugeben.

Den Bratensatz mit dem Walnussöl und dem Aceto Balsamico verrühren und die Sauce über die Pilze und den Salat träufeln. Den Parmesan darüberhobeln.

POLENTA

CON SALSICCIA

Zutaten (4 Personen)

2 EL	Öl
2 EL	gehacktes sautiertes Gemüse (Sellerie, Karotte, Zwiebel)
8	Würstchen (Salsiccia)
400 ml	Tomatensoße
1,6 l	Wasser
400 g	Polentamehl
	Salz und Pfeffer
	Pecorino, gerieben

Zubereitung

Öl in der Pfanne erhitzen, das gehackte Gemüse dazugeben und kurz anbraten. 4 ganze und 4 in Stücke geschnittene Würstchen hinzufügen.

Nach 5–6 Minuten mit Tomatensoße und 200 ml Wasser ablöschen, mit Salz und Pfeffer würzen und ca. 30 Minuten kochen lassen.

In der Zwischenzeit das restliche Wasser in einem Topf zum Kochen bringen, salzen und die Polenta unter ständigem Rühren hinzufügen, damit sich keine Klumpen bilden. Unter regem Rühren ca. 40–45 Minuten kochen.

Polenta auf Tellern anrichten, Sauce darüber geben, mit reichlich geriebenem Pecorino bestreuen und sofort servieren.

Tipp

Polenta kann man bereits vorgekocht kaufen. Diese laut Anweisungen auf der Verpackung zubereiten, wenn es mal schneller gehen muss.

CROSTATA

DI RICOTTA E CIOCCOLATO

Zutaten Mürbeteig

- 300 g Mehl
- 100 g Zucker
- 120 g Butter
- 1 ganzes Ei
- 1 Eigelb
- Abrieb einer halben Bio-Zitrone

Zutaten Ricottafüllung

- 400 g Ricotta
- ½ Bio-Zitrone
- 100 g Zucker
- 2 Eier
- 4 EL Schokotropfen

Sonstige Zutaten

- 20 g Puderzucker zum Bestreuen
- etwas Butter zum Ausfetten

Zubereitung

Die Zutaten für den Mürbeteig in einer großen Schüssel mit den Händen zu einem glatten Teig kneten, in Plastikfolie einwickeln und im Kühlschrank 30 Minuten ruhen lassen.

Den Backofen auf 180 °C Ober-/Unterhitze vorheizen. Die Backform (rund, 22 cm Durchmesser) fetten. ⅙ des Mürbeteigs abtrennen, daraus mehrere kleine schmale Schlangen ausrollen und beiseitelegen. Mit dem restlichen Teig den Boden und den Rand der Backform auslegen.

Ricotta mit dem Saft einer halben Zitrone, Zucker, 2 Eigelb und der geriebenen Zitronenschale mit dem Pürierstab zu einer glatten Creme pürieren, das Eiweiß steifschlagen und der Ricottacreme untermischen. Schokotropfen hinzugeben, die Masse in die Backform füllen, die Teigränder an der Seite auf die gleiche Höhe andrücken und mit den Teigschlangen das Gitter darüber auslegen.

Im Ofen ca. 30 Minuten backen. Auskühlen lassen und mit Puderzucker bestreuen.

Tipp

Den Teig zwischen zwei Folien Backpapier legen und dann mit der Backrolle ausrollen. Dadurch lässt er sich leichter in die Backform geben.

MENU
SETTE

INSALATA

DI RUCOLA E ARANCE CON SALMONE AFFUMICATO E NOCI

Zutaten (4 Personen)

200 g	Wildsalat
50 g	Rucola
100 g	Lachs, geräuchert
1	Orange
50 g	Walnüsse
3 EL	Olivenöl
2 EL	Balsamicoessig
	Salz und Pfeffer
	Oregano

Zubereitung

Salat und Rucola waschen, danach gut abtropfen lassen. Orange schälen und filetieren. Walnüsse zerkleinern.

Alles in eine große Schüssel geben und mit Olivenöl und Balsamicoessig vermischen. 5 Minuten ziehen lassen und danach mit Salz, Pfeffer und Oregano abschmecken. Räucherlachs einrollen und auf den Salat geben.

Dazu passt getoastetes Ciabatta oder Baguette.

Tipp

Der Räucherlachs kann auch in Streifen geschnitten und mit den anderen Zutaten vermengt werden.

FOCACCIA

CON ACCIUGHE

Zutaten (4 Personen)

40 g	frische Hefe
½ TL	Zucker
½ TL	Salz
160 ml	lauwarmes Wasser
240 ml	lauwarme Milch
600 g	italienisches Hartweizenmehl
3 EL	Olivenöl
2	Zwiebeln mit dünnen Ringen
12	eingelegte Sardellen
12	Cocktailtomaten

Zubereitung

Die Hefe mit Zucker und Salz in lauwarmem Wasser auflösen, etwas ruhen lassen, bis sich an der Oberfläche kleine Bläschen zeigen. Milch, Mehl und Olivenöl dazugeben und 7–8 Minuten in der Küchenmaschine kneten.

Teig herausnehmen, zu einer Kugel formen und leicht mit Mehl bestäuben. Abgedeckt an einem warmen Ort ca. eine Stunde ruhen und aufgehen lassen, bis sich der Teig nahezu verdoppelt hat.

Teig dünn ausrollen und auf 4 Springformböden bzw. ein großes Backblech geben. Mit den Fingern Löcher eindrücken und mit feinen Zwiebelringen, Sardellen und halbierten Cocktailtomaten belegen.

Einige Tropfen Olivenöl darübergeben, Focaccia ca. 10 Minuten knusprig backen.

RISOTTO

ALLA ZUCCA CON GORGONZOLA

Zutaten (4 Personen)

250 g	Hokkaido-Kürbis
1	Zwiebel
2 EL	Olivenöl
150 g	Risottoreis
600 ml	Gemüsebrühe (alternativ 300 ml Gemüsebrühe und 300 ml Weißwein)
80 g	Gorgonzola
2 Stängel	Thymian

Zubereitung

Den Kürbis waschen, entkernen und in kleine Stücke schneiden. Die Zwiebel schälen und in kleine Würfel schneiden.

Olivenöl in einem Topf erhitzen und Kürbis, Zwiebelwürfel und Reis darin 2–3 Minuten anbraten. Zwischendurch umrühren. Mit der Gemüsebrühe (und dem Wein) ablöschen. Ca. 15–25 Minuten (abhängig von der verwendeten Reissorte) köcheln lassen, zwischendurch umrühren, bis das Risotto cremig ist.

Gorgonzola kleinschneiden und unter das Risotto rühren. Thymian abzupfen und ebenfalls unterheben.

CHIACCHIERI

DI CARNEVALE CON CREMA GIALLA

Zutaten (6–8 Personen)

1 EL	Zucker
1	Ei
300 g	Mehl
1 EL	Butter
1 Prise	Salz
1 Spritzer	Rum oder Cognac
	Öl zum Frittieren
	Abrieb einer Bio-Zitrone
	Puder- oder Vanillezucker zum Bestäuben

Zubereitung Teiggebäck

Zucker mit dem Ei schaumig rühren und die anderen Zutaten hinzugeben. Mit einem Handrührgerät einen glatten elastischen Teig kneten. Teig auf einer bemehlten Arbeitsfläche mit den Händen kneten, bis er keine Blasen mehr bildet, anschließend dünn ausrollen (2–3 mm). Mit einem Teigroller kleine Streifen ausschneiden (ca. 10–12 cm lang, 3 cm breit). Durch den Teigroller bekommen die Ränder des Gebäcks die typisch gewellte Form. Den Teig etwa 30–60 Minuten gehen lassen.

Chiacchieri in Öl goldgelb frittieren, mit einem Schaumlöffel herausnehmen und auf Küchenpapier abtropfen lassen.

Tipp

Es ist empfehlenswert, nicht mehr als 5–6 Chiacchieri auf einmal zu frittieren.

Zutaten Vanillecreme

1	Bio-Zitrone
500 ml	Milch
2	Eigelb
100 g	Zucker
1 EL	Mehl

Zubereitung Vanillecreme

Zitronenschale mit dem Sparschäler dünn, ohne die weiße Haut, abschälen. Milch in einem Topf erhitzen. In einem weiteren Topf Eigelb und Zucker zu einer cremigen Masse aufschlagen, bis sich der Zucker auflöst. Mehl einrieseln lassen. Nach und nach die heiße Milch zufügen. Zitronenschale hinzugeben.

Jetzt den Topf auf den Herd stellen und bei geringer Hitze ständig mit einem Schneebesen rühren, bis die Masse anfängt einzudicken. Die Creme darf nicht kochen.

Die Creme ist fertig, wenn sie schwer vom Schneebesen tropft. Den Topf vom Herd nehmen und die Zitronenschale herausfischen. Bei Zimmertemperatur auskühlen lassen.

Die Creme kräftig durchrühren und zwischen 2 Chiacchieri streichen, mit Puderzucker bestäuben.

Tipp

Die Creme kann mit Likören, gehackten Nüssen etc. aromatisiert oder abgewandelt werden.

MENU
OTTO

CROSTINI

CON CREMA DI FAGIOLI

Zutaten (4 Personen)

100 g	getrocknete Cannellini-Bohnen oder aus der Dose
2	Knoblauchzehen
1	kleine Schalotte
4	Salbeiblätter
	Olivenöl
	Salz und frisch gemahlener Pfeffer
8	geröstete Brotscheiben (Ciabatta oder Baguette)
	etwas Parmesan zum Bestreuen

Zubereitung

Die getrockneten Bohnen in einem Sieb abbrausen, in eine Schüssel geben und mit Wasser bedecken. Die Bohnen ungefähr zwölf Stunden lang einweichen. Danach abgießen und in einem Topf mit frischem Wasser aufsetzen. Ein Salbeiblatt und eine geschälte Knoblauchzehe dazugeben und ungefähr 45–60 Minuten lang köcheln lassen. Die Bohnen sollten weich werden, aber möglichst nicht zu sehr zerfallen.

Bohnen abgießen, das Kochwasser aufheben. Schalotte in feine Würfel schneiden, Knoblauchzehe und 4 Salbeiblätter hacken. In einer Pfanne etwas Olivenöl erhitzen und Schalottenwürfel, Knoblauch und Salbei anschwitzen. Die Bohnen hinzugeben und ungefähr 10 Minuten in der Pfanne schmoren lassen. Bohnen nun mit Salz und Pfeffer abschmecken, in ein hohes Gefäß geben und mit 2–3 EL Olivenöl sowie etwas Bohnenkochwasser pürieren; dabei hilft ein Schneidestab.

Brotscheiben toasten oder unter dem Backofengrill rösten und mit der möglichst noch warmen Bohnencreme bestreichen. Mit Parmesan bestreuen.

Tipp

Ich lasse die Creme ziemlich »kompakt«. Wer sie geschmeidiger mag, kann sie mit zusätzlichem Olivenöl oder dem Kochwasser der Bohnen »strecken«.

INSALATA DI RUCOLA

CON FICHI, MOZZARELLA E PARMIGIANO

Zutaten (4 Personen)

200 g	Rucola
4	Feigen
1 EL	Honig
2	Mozzarella
4 Scheiben	Parmaschinken, dünn geschnitten
100 g	Parmesan am Stück

Zutaten Dressing

6 EL	Olivenöl
1 EL	Honig
3 EL	Zitronensaft
	Salz und Pfeffer

Zubereitung

Rucola putzen, waschen, trockenschleudern und auf den Tellern verteilen.

Feigen am Stielansatz kreuzweise tief einschneiden. Dann mit Daumen und Zeigefinger unten zusammendrücken, sodass sie sich öffnen und das Innere der Frucht zu sehen ist. Dekorativ in die Tellermitte setzen.

Honig im Wasserbad erwärmen.

Schinken einzeln einrollen, Mozzarella von Hand zerteilen und auf den Rucola geben. Mit einem Messer hauchdünne Streifen von dem Parmesan abschaben und ebenfalls hinzufügen.

Olivenöl, Honig und Zitronensaft vermischen, mit etwas Salz und frisch gemahlenem Pfeffer würzen und als Dressing über den Salat geben.

Tipp

Das i-Tüpfelchen ist der im Wasserbad erwärmte Honig, der mit einem Löffel vorsichtig tröpfchenweise über die anderen Zutaten verteilt wird.

RAVIOLI

CON RICOTTA E BASILIKUM

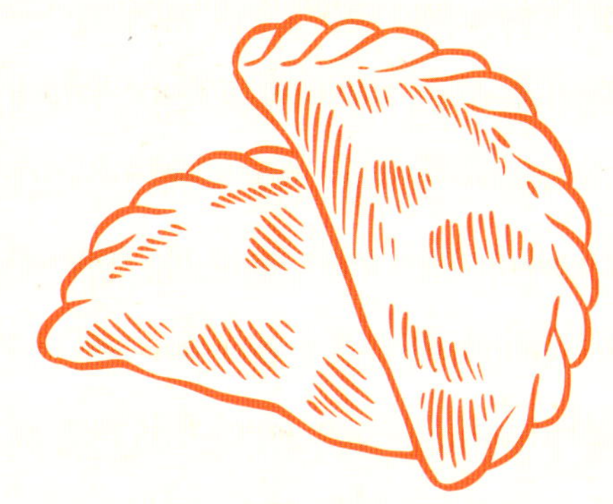

Zutaten Teig

400 g	Mehl
4	Eier
1 TL	Salz
1 EL	Olivenöl

Zutaten Sauce

1 EL	Öl
1	mittelgroße Zwiebel, klein geschnitten
2	Knoblauchzehen, zerkleinert
1	Möhre, ganz klein gewürfelt
1 kg	reife Tomaten, enthäutet, in Stücke geschnitten
45 g	Tomatenmark
1 TL	Zucker
2 EL	Basilikum, frisch, klein gehackt
	Salz, Pfeffer

Zutaten Füllung

1 Bund	Basilikum
300 g	Ricotta
1	großes Ei
100 g	geriebener Pecorino oder Parmesan
1	Knoblauchzehe
	Salz und Pfeffer

Zubereitung

Aus Mehl, Eiern, Salz und Öl einen Nudelteig kneten. In Folie einwickeln und mindestens eine halbe Stunde, besser länger, ruhen lassen. Für die Sauce Öl in einem Topf erhitzen, Zwiebel, Knoblauch und Möhren hinzufügen und bei schwacher Hitze 6–7 Minuten dünsten. Tomaten, Tomatenmark, Zucker und Basilikum dazugeben und zum Kochen bringen. Mit Salz und Pfeffer würzen. Bei geringer Hitze und geschlossenem Deckel 30 Minuten köcheln lassen, danach alles mit dem Mixer pürieren und warmhalten.

Basilikumblättchen fein hacken. Alle weiteren Zutaten für die Füllung gründlich verrühren, mit Salz und Pfeffer abschmecken.

Vorsichtig salzen, da Parmesan und Pecorino schon ziemlich salzig sind!

Teig portionsweise ausrollen. Teigtaschen formen, mit der Masse füllen und gut verschließen.

Teigtaschen in kochendem Salzwasser 3–4 Minuten garen, auf Teller geben und mit der Sauce servieren.

Tipp

Frisch geriebenen Pecorino oder Parmesan dazu reichen.

PACCHETTI DI FILETTO

DI SOGLIOLA

Zutaten (4 Personen)

150 g	festkochende Kartoffeln
2	Zweige Rosmarin
2	Stiele Thymian
10	Kirschtomaten
1	mittelgroße grüne Zucchini
1	mittelgroße gelbe Zucchini
3 EL	Öl
4	Schollenfilets
8 EL	gutes Olivenöl
	Küchengarn
	Zitronensaft
	Salz und Pfeffer

Zubereitung

Kartoffeln waschen, schälen und in 1 cm große Würfel schneiden. Rosmarin und Thymian abzupfen, fein hacken. Kirschtomaten waschen. Zucchinis waschen und würfeln.

Öl in einer beschichteten Pfanne erhitzen, die Kartoffelwürfel darin 3 Minuten braten, Zucchini dazugeben und weitere 2 Minuten braten. Salzen, pfeffern und die Kräuter untermischen.

4 Bögen Back- oder Pergamentpapier (25 x 25 cm) auf die Arbeitsfläche legen. Je ein Fischfilet darauflegen. Salzen, pfeffern und mit etwas Zitronensaft beträufeln.

Gemüse und Tomaten auf die Fischfilets verteilen und mit je 2 EL gutem Olivenöl beträufeln. Papier zusammenfalten und mit Küchengarn zubinden. Auf ein Backblech legen. Im heißen Ofen bei 200 °C Ober-/Unterhitze (180 °C Umluft) auf der untersten Schiene 12–15 Minuten garen.

TORTA

ALLA RICOTTA E MARMELLATA

Zutaten

250 g	Mehl
100 g	Zucker
1 TL	Backpulver
1	Ei
1	Eigelb
125 g	Butter
200 g	Ricotta
80 g	Puderzucker
125 g	Marmelade nach Wahl

Zubereitung

Mehl, Zucker, Backpulver, Eier und Butter vermengen. Kräftig rühren, bis ein glatter Teig entsteht. Diesen im Kühlschrank für 30 Minuten ruhen lassen. Unterdessen Ricotta mit einer Gabel pürieren und nach und nach den gesiebten Puderzucker hinzufügen.

Den Teig ca. 1,5 cm dick auf dem Boden einer 22 cm großen Kuchenform ausrollen und ihn mit einer Gabel einstechen. Ricotta darauf geben und mit Marmelade bestreichen. Aus dem übriggebliebenen Teig Kugeln formen und oben drauf verteilen.

Im vorgeheizten Backofen bei 180 °C Ober-/Unterhitze für etwa 30 Minuten backen.

SINCE
s.Oliver
1969
REG. TM

MENU NOVE

BRUSCHETTA

CON PESTO DI NOCI

Zutaten (4 Personen)

100 g	Walnüsse
80 g	getrocknete Tomaten (in Öl)
3	Knoblauchzehen
½ Bund	Petersilie
40 g	Parmesan (frisch gerieben)
120 ml	Olivenöl
8 Scheiben	Baguette
	Salz
	Pfeffer (frisch gemahlen)

Zubereitung

Walnüsse grob hacken, Tomaten abtropfen lassen. Knoblauch abziehen, Petersilie abspülen, trocken tupfen und die Blättchen von den Stielen zupfen.

Alles zusammen mit dem Parmesan in ein großes Gefäß geben und mit dem Stabmixer pürieren. Dabei das Öl zugeben, bis eine cremige Masse entsteht. Mit Salz und Pfeffer abschmecken.

Baguette knusprig toasten, anschließend das Pesto auf geröstete Baguettescheiben verteilen.

Tipp

Das Pesto hält sich gekühlt 2–3 Wochen, schmeckt frisch aber am besten.

INSALATA

DI RUCOLA CON PERE E GORGONZOLA

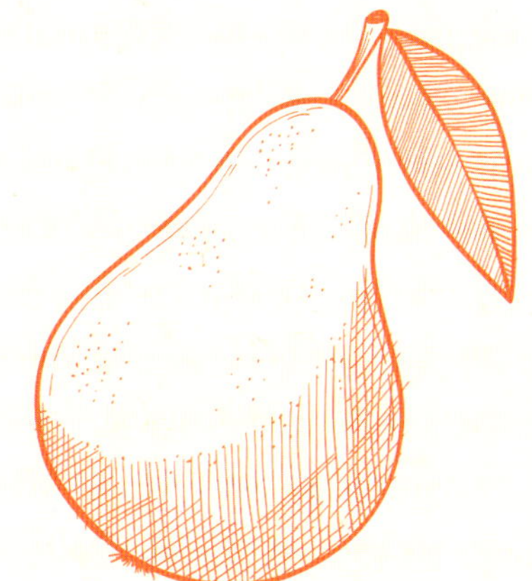

Zutaten (4 Personen)

3 EL	Zucker
6 EL	Balsamicoessig
1	Birne
150 g	Rucola
2 EL	Öl
100 g	Gorgonzola
3 EL	gehackte Walnüsse
	Salz
	Pfeffer

Zubereitung

Zucker in einem kleinen Topf karamellisieren und mit dem Balsamicoessig ablöschen. Die Birne schälen, in Achtel schneiden und 2 Minuten in der Zucker-Essig-Mischung andünsten.

Gleichzeitig den gewaschenen und geputzten Rucolasalat auf Tellern anrichten, die Birnenspalten aus dem Topf nehmen und auf die Teller verteilen.

Sauce mit Essig und Zucker abschmecken, Öl hinzufügen, mit Salz und Pfeffer würzen. Die Sauce über den Salat geben und zum Schluss mit Gorgonzolastückchen und gehackten Walnüssen dekorieren.

PENNE

ALLA BOSCAIOLA

Zutaten (4 Personen)

150 g Pancetta
150 g Schinken
2 Schalotten oder kleine Zwiebeln
2 Knoblauchzehen
½ Bund Petersilie
400 g Porto Bello oder braune Champignons
50 ml Weißwein
250 ml Sahne
500 g Penne
Pfeffer (aus der Mühle)
Salz
Etwas Olivenöl zum Anbraten
Parmesan

Zubereitung

Pancetta und Schinken in kleine Stücke schneiden. Schalotten/Zwiebeln und Knoblauchzehen schälen, die Schalotten/Zwiebeln in feine Streifen schneiden, die Knoblauchzehen beiseitestellen. Die Petersilie waschen und ebenfalls klein schneiden. Danach die Pilze putzen und in Scheiben schneiden. Etwas Olivenöl in der Pfanne bei mittlerer Hitze heiß werden lassen.

Schalotten/Zwiebeln einige Minuten andünsten, dann Fleisch und Pilze zugeben.

Regelmäßig umrühren, bis Fleisch und Pilze leicht Farbe bekommen. Mit Weißwein ablöschen, Sahne hinzufügen und auf niedriger Stufe 15–20 Minuten leicht köcheln lassen.

Nudeln in Salzwasser bissfest kochen, auf Teller verteilen, mit Sauce übergießen und mit etwas geriebenem Parmesan servieren.

Tipp

Nicht zu viel Olivenöl verwenden, da der Speck schon Fett hat.

TORTA

ALLA RICOTTA E VANIGLIA CON PRUGNE, TIMO E MIELE

Zutaten Kuchen

250 g	Butter
200 g	Zucker
1	Vanilleschote
4	Eier
250 g	Ricotta
350 g	Mehl
2 TL	Backpulver
	evtl. Milch
	Puderzucker zum Bestäuben

Zutaten Pflaumen

4	große Pflaumen
1 EL	Zucker
12 cl	Orangenlikör
1 Bund	Thymian
2 EL	Honig
1	Vanilleschote

Zubereitung

Butter und Zucker mit dem ausgekratzten Vanillemark schaumig rühren und die Eier einzeln unterrühren. Ricotta dazugeben und alles gut verrühren, zum Schluss das mit dem Backpulver vermischte Mehl unterrühren und eventuell etwas Milch dazugeben. In eine gefettete Guglhupf- oder Kranzform füllen und im vorgeheizten Backofen bei 180 °C Ober-/Unterhitze ca. 50 Minuten backen.

Pflaumen waschen, halbieren und entsteinen. In einem Topf mit Zucker, Orangenlikör, Thymian, Honig und dem Mark einer Vanilleschote einkochen lassen. Warm zum Kuchen servieren.

Tipp

Alternativ zu einem großen Kuchen empfehle ich kleine Küchlein. Die eingekochten Pflaumen lassen sich dann wunderbar über die Küchlein gießen.

MENU
DIECI

FOCACCIA

CON PERE E GORGONZOLA

Zutaten (2 Stück)

200 g	Mehl
1 Prise	Salz
49 g	frische Hefe
130 ml	Wasser
1 EL	Olivenöl
150 g	Sauerrahm
2	kleine Birnen
80–100 g	Gorgonzola
50 g	Walnüsse
	Salz, Pfeffer
	Mehl für die Arbeitsfläche

Zubereitung

Mehl und Salz vermengen. Hefe in lauwarmem Wasser auflösen, mit dem Olivenöl zum Mehl geben und ordentlich verkneten. Der Teig sollte ziemlich weich sein, aber nicht mehr kleben. Über Nacht im Kühlschrank ruhen lassen.

Teig halbieren, 2 dünne Focaccias auswallen. Mit Sauerrahm bestreichen, salzen und pfeffern.

Birne in dünne Scheiben schneiden und auf die Focaccias verteilen. Gorgonzola darüber bröseln, zerkleinerte Walnüsse darüberstreuen.

Im Backofen bei 250 °C Ober-/Unterhitze ca. 25 Minuten knusprig backen, bis sie goldbraun sind.

MELANZANE E ZUCCHINE

GRIGLIATE CON OLIO AL BASILICO

Zutaten (4 Personen)

2 Zucchini
1 Aubergine
2 Knoblauchzehen
Basilikum
Olivenöl
Salz, Pfeffer

Zubereitung

Zucchini und Aubergine in Scheiben schneiden. In einer geriffelten Pfanne von beiden Seiten grillen, sodass der größte Teil des enthaltenen Wassers entweicht. Auf einem Teller abkühlen lassen.

Knoblauch durch die Presse drücken oder ganz fein würfeln. Basilikum waschen, trocken tupfen und in dünne Scheiben schneiden. Knoblauch und Basilikum mit Olivenöl übergießen, Salz und Pfeffer dazugeben.

Gemüse mit dem Basilikumöl einpinseln, etwas ziehen lassen und dann servieren.

FUNGHI

ALL'ACETO BALSAMICO

Zutaten (4 Personen)

500 g	frische Champignons
3 EL	Olivenöl
3 EL	Balsamico
½ Bund	glatte Petersilie
	Salz und Pfeffer

Zubereitung

Champignons putzen. Das untere Ende des Stiels mit einem scharfen Messer abschneiden, anschließend die Champignons halbieren.

Olivenöl in einer Pfanne erhitzen (mittlere Stufe) und die Pilze darin leicht anbraten, bis sie keine Flüssigkeit mehr abgeben. Die Hitze reduzieren und mit 1–2 EL Balsamico-Essig ablöschen. Mit Salz und Pfeffer würzen.

Zugedeckt ca. 10 Minuten ziehen lassen. Petersilie hacken und daruntermischen. Bis zum Servieren kalt stellen.

Tipp

Die Pilze bleiben trocken und aromatischer, wenn sie nicht gewaschen, sondern mit einem Pinsel gründlich gesäubert werden.

PEPERONI

MARINATI AL LIMONE

Zutaten (4 Personen)

3	rote Paprikaschoten
1	Knoblauchzehe
	Saft einer halben Bio-Zitrone
3 EL	Olivenöl
	Salz, Pfeffer

Zubereitung

Paprika waschen, vierteln und das Kerngehäuse entfernen.

Backofengrill einschalten bzw. den Backofen auf höchster Stufe Oberhitze vorheizen. Paprikaviertel mit der Hautseite nach oben in den Ofen geben. Nach ca. 3–5 Minuten, sobald die Haut Blasen wirft oder sogar etwas schwarz wird, wieder rausnehmen. Unter einem Küchentuch abkühlen lassen, anschließend die verbrannte Haut abziehen.

Serviergeschirr mit Knoblauch parfümieren, geschälte Paprika darauf anrichten, mit Zitronensaft und Olivenöl marinieren. Mit Salz und Pfeffer würzen.

Tipp

Schmeckt sowohl warm serviert als auch über Nacht kalt durchgezogen.

GAMBERI

ALL'AGLIO

Zutaten (4 Personen)

20	große Garnelen
½	rote Chilischote
3 EL	Petersilie
10	Knoblauchzehen
6 EL	Olivenöl
20 g	Butter
60 ml	italienischer Weißwein
	Salz, Pfeffer

Zubereitung

Garnelen pulen, Darm entfernen, Schwänze nach Wunsch intakt lassen. Chilischote und Petersilie fein hacken, Knoblauchzehen zerdrücken.

Öl in einer Pfanne erhitzen, Butter, Chili und die Hälfte des Knoblauchs zugeben. 3 Minuten unter Rühren dünsten.

Garnelen hineingeben und den restlichen Knoblauch darauf verteilen.

Die Garnelen 3 Minuten rosa braten, dann wenden, mit Weißwein aufgießen und weitere 4 Minuten braten. Mit Salz und Pfeffer abschmecken, am Ende mit Petersilie bestreuen und servieren.

ANELLI

AL FORNO

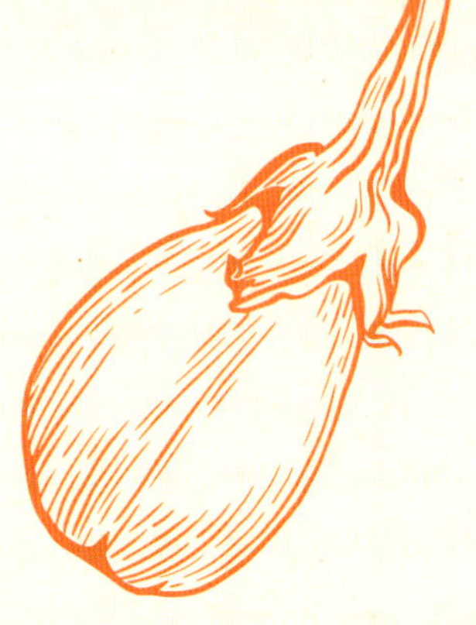

Zutaten (4 Personen)

500 g	Anelli
2	Auberginen
200 g	Mozzarella
2	Eier
150 g	Erbsen
100 g	Schinken
	Salz, Pfeffer
	Olivenöl

Zutaten Bolognese

2	Zwiebeln
2	Knoblauchzehen
500 g	gemischtes Hackfleisch
4 EL	Olivenöl
	Salz, Pfeffer
½ TL	Zucker
2 EL	Tomatenmark
125 ml	Rotwein
2 Dosen	stückige Tomaten (à 800 g Füllmenge)
100 ml	Wasser
2	Lorbeerblätter
300 g	Erbsen (frisch oder TK)

Zubereitung

Zwiebeln fein würfeln, Knoblauch fein hacken. Hackfleisch in Olivenöl krümelig und braun anbraten. Zwiebeln und Knoblauch kurz mitbraten. Tomatenmark zugeben, mit Salz, Pfeffer und Zucker würzen. Rotwein zum Ablöschen dazu gießen und offen fast vollständig einkochen lassen.

Stückige Tomaten, Wasser, Lorbeerblätter und Erbsen hinzufügen, mit Salz und Pfeffer würzen.

Aufkochen und halb zugedeckt bei kleiner bis mittlerer Hitze eine Stunde köcheln lassen. Dabei mehrfach umrühren.

Parallel dazu Eier hart kochen. Auberginen in Scheiben schneiden und in etwas Olivenöl anbraten. Mozzarella in Scheiben schneiden. Eier schälen und ebenfalls in Scheiben schneiden. Auberginenscheiben und Schinken in Streifen schneiden.

Anelli in Salzwasser bissfest kochen, die Nudeln sollten noch einen ungekochten Kern haben.

In eine Kasserolle einige Löffel Bolognese hineingeben, dann abwechselnd Nudeln, Schinken, Aubergine, Mozzarella, Eier und wieder Bolognese daraufgeben. Je nach Geschmack mit Salz und Pfeffer würzen. Nun noch eine letzte Schicht Bolognese hinzufügen und nochmals pfeffern.

Im vorgeheizten Backofen bei 180 °C Ober-/Unterhitze 20 Minuten überbacken.

CREMA

DI RICOTTA E MELE CON AMARETTI

Zutaten (4 Personen)

5	säuerliche Äpfel (ca. 900 g)
70 ml	italienischer Weißwein
50 g	Zucker
9 EL	Zitronensaft
3 Stiele	Minze
200 g	Amaretti Morbidi (weiche italienische Mandelkekse)
50 g	Amaretti (harte italienische Mandelkekse)
70 ml	Süßwein (z.B. Vin Santo)
3	Blätter weiße Gelatine
500 g	Ricotta
30 g	Puderzucker
300 ml	Schlagsahne
3 EL	Mandelblättchen
4 EL	Honig (z.B. Kastanienhonig)

Zubereitung

Äpfel schälen, vierteln und entkernen, anschließend in grobe Stücke schneiden. Mit 50 ml Weißwein, Zucker und 5 EL Zitronensaft verrühren. In einem Topf bei mittlerer Hitze aufkochen. Ca. 15–20 Minuten bei halb geschlossenem Topf unter mehrmaligem Rühren kochen lassen, nach der Hälfte der Garzeit das Kompott offen weitergaren, bis die Flüssigkeit der Äpfel verkocht ist. Minzblättchen fein schneiden, zum warmen Kompott geben und abkühlen lassen.

Beide Amarettisorten mit den Händen grob zerbröseln und in einer hohen Auflaufform (2 l Inhalt) gleichmäßig auf dem Boden verteilen. Die Kekse mit Süßwein und restlichem Weißwein tränken. Das Apfelkompott darauf verteilen und kalt stellen.

Gelatine 5 Minuten in kaltem Wasser einweichen. Restlichen Zitronensaft erwärmen und die Gelatine darin auflösen. Ricotta mit Puderzucker verrühren. Zügig die aufgelöste Gelatine unterrühren. 15 Minuten kalt stellen.

Sahne steif schlagen und unterheben. Ricottacreme 30 Minuten kalt stellen, dann auf dem Apfelkompott verteilen. Mindestens 3 Stunden kalt stellen. Mandelblättchen in einer Pfanne ohne Fett hellbraun rösten.

Kurz vorm Servieren den Honig nur ganz leicht erwärmen und mit den Mandelblättchen mischen. Die Masse auf der Ricottacreme verteilen und sofort servieren.

WEITERE KÖSTLICHKEITEN

AUS DEM EINHORN-VERLAG

Landfrauen
Saisonal & regional
Heimisches Obst und Gemüse frisch auf den Tisch
Hardcover, 14,90 €
ISBN 978-3-95747-127-7

Landfrauen
Schnelles Gebäck
Süßes und Salziges aus dem Backofen
Softcover, 8,80 €
ISBN 978-3-95747-097-3

Mit den Landfrauen
durch das Jahr
Rezepte aus ’m Ländle
Festliche Gerichte
Softcover, 9,90 €
ISBN 978-3-95747-062-1

Landfrauen
Aufstriche, Dips & Brot
Rezepte und Geschichten aus ’m Ländle
Softcover, 8,80 €
ISBN 978-3-95747-019-5

Landfrauen
kochen & backen
Rezepte und Geschichten aus den Region Schwäbisch Gmünd
Softcover, 7,90 €
ISBN 978-3-95747-090-4

Landfrauen
Weihnachtsbäckerei
Rezepte und Geschichten aus ’m Ländle
Softcover, 8,80 €
ISBN 978-3-95747-017-1

Blick über den Tellerrand
Rezepte und Geschichten aus aller Welt
Softcover, 9,80 €
ISBN 978-3-95747-081-2

Katharina Regele
Das Bäckermädle Familienbackbuch
Hardcover, 16,80 €
ISBN 978-3-95747-140-6

Sabine Stephan
Oh Mother @ home
Das Café-Feeling für zuhause
Hardcover, 15,00 €
ISBN 978-3-95747-118-5

Sandra Salcher
Die Kräuterküche
Mit Wild- und Gartenkräutern durchs Jahr
Softcover, 9,90 €
ISBN 978-3-95747-103-4

Erhältlich im Buchhandel, in unserem Servicebereich am Sebaldplatz 1 in Schwäbisch Gmünd und auf www.einhornverlag.com

FRESH